AF611590

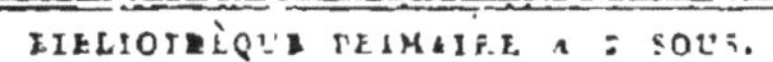


# PETIT MANUEL CLASSIQUE DE LECTURE,

OU

# LA LECTURE

## RÉDUITE A SA PLUS SIMPLE EXPRESSION.

**PAR P. F. PUTOT,**

MEMBRE DE LA SOCIÉTÉ DE GÉOGRAPHIE ET DE LA SOCIÉTÉ GRAMMATICALE DE PARIS; DE L'ACADÉMIE D'AGRICULTURE, SCIENCES ET ARTS D'ANGERS, ETC.

*Multa paucis.*

Prix : 2 sous, broché; 3 sous, cartonné.

PARIS,
CHEZ PAUL DUPONT,
DIRECTEUR DE LA LIBRAIRIE NORMALE D'ÉDUCATION,
ÉDITEUR DE L'INSTITUTEUR, JOURNAL DES ÉCOLES PRIMAIRES,
Rue de Grenelle-Saint-Honoré, n. 55.

AVRIL 1834

# INSTRUCTIONS GÉNÉRALES
## SUR L'ENSEIGNEMENT DE LA LECTURE.

1° — Persuadez-vous bien que *lire n'est autre chose que donner à chaque lettre le son ou l'articulation qui lui appartient ; pour savoir lire, il suffit donc de connaître la vraie prononciation de chacune d'elles.*

2° — Trois procédés naturels pour faire lire avec succès : 1° Indiquez une lettre *en la nommant* : l'élève la nomme après vous ; 2° indiquez une lettre *sans la nommer* : l'élève la nomme ; 3° énoncez une lettre *sans l'indiquer* : l'élève la montre sur le livre ou sur le tableau.

3° — Épeler comme nous l'entendons, n'est autre chose que de couper les mots en syllabes, afin d'en faciliter la lecture. Cependant, lorsque le mot embarrasse l'enfant, il est bon de détacher encore les consonnes des voyelles, afin de soulager la conception. Pour faire lire, par exemple, les deux mots *pantalon, agréable*, on pourra les diviser ainsi : *pan-ta-lon, a-gré-a-ble* ; et pour les faire épeler on dira : *p, an, pan ; t, a, ta ; panta ; l, on, lon : pantalon ; a-gr, é, gré, agré, a, agréa ; bl, e, ble ; agréable.*

4° — Ne faites rien dire ou lire aux élèves comme phrase qu'ils ne l'aient appris comme mots, rien comme mots, qu'ils ne se le soient rendu familier comme syllabes ; rien comme syllabes, qu'il ne leur soit devenu [illegible] par une fréquente répétition des lettres qui représentent les sons, et des lettres qui servent à articuler ces mêmes sons. De cette manière vous ne les rebuterez pas dès le principe, en leur offrant des difficultés au-dessus de leurs forces, et vous ne les jetterez pas dans un embarras dont vous ne pourriez les dégager.

5° — Tout le secret de la lecture étant dans le tableau général des lettres, il importe qu'avant de passer outre, les enfants le connaissent d'une manière imperturbable.

6° — Quelque lents que soient les progrès d'un enfant lorsqu'il n'a pas de mauvaise volonté, il faut se donner de garde de le rudoyer : l'usage, ce maître aussi doux qu'expérimenté, fera plus que les préceptes et que les châtiments, qui lui feraient prendre la lecture en aversion.

PETIT

# MANUEL CLASSIQUE

## DE LECTURE.

### ALPHABET

**DISPOSÉ POUR APPRENDRE A TRACER LES LETTRES PAR LA CONNAISSANCE DU SEUL i (1).**

**i t r n m**

**h k l u y**

**z x f v j**

**c e o**

**g q p d b**

**a s**

(1) Voyez l'Instruction sur l'emploi du *Manuel classique de Lecture*, par P. F. Putot.

# ALPHABET

## DIVISÉ EN VOYELLES ET EN CONSONNES.

### VOYELLES.

a e i o u y

é è ou

an in on un

oi ien

### CONSONNES.

t r n m h k l

z x f v j

c g q p b d s

ch gn ill

OBSERVATIONS.—Ces combinaisons *ou, an, in, on, un, oi, ien*, se prononcent sans épellation. Faites prononcer *ch, gn, ill*, comme à la fin des mots bou*che*, vi*gne*, pai*lle*.

## TABLEAU GÉNÉRAL DES LETTRES
## AVEC LES ÉQUIVALENTS FONDAMENTAUX.

**12 VOYELLES :**

| | | |
|---|---|---|
| 1 | **i** | y ï |
| | **u** | ü |
| | **o** | au eau |
| | **a** | |
| 2 | **e** | eu œu |
| | **é** | ai ay eï |
| | **è** | ai ay ei ey |
| | **ou** | |
| 3 | **in** | im ain aim |
| | | ein yn ym |
| | **un** | um eun |
| | **on** | om |
| | **an** | am en em |

**2 DIPHTHONGUES.**

| | | |
|---|---|---|
| 4 | **oi** | oy |
| | **ien** | ïen |

**20 CONSONNES :**

| | | |
|---|---|---|
| 1 | **r** | rh |
| | **n** | |
| | **m** | |
| | **h** | |
| 2 | **t** | th |
| | **f** | ph |
| | **l** | |
| | **b** | |
| | **d** | |
| 3 | **p** | |
| | **q** | qu c k |
| | **g** | gu gh |
| | **j** | |
| 4 | **s** | c ç |
| | **z** | |
| | **v** | |
| | **x** | |
| 5 | **ch** | sch |
| | **gn** | |
| | **ill** | ll |

OBSERVATIONS. — Faites remarquer à l'élève que *y* a le même son que *i* ; *au* et *eau* le même son que *o*, etc.

## 1^er EXERCICE.

### SYLLABISATION.

| I | U | O | A | E | É | È | OU |
|---|---|---|---|---|---|---|---|
| **i** | **u** | **o** | **a** | **e** | **é** | **è** | **ou** |
| y | ü | au | | eu | ei | ei ey | |
| ï | | eau | | œu | ai ay | ai ay | |

| | | | | | | | | |
|---|---|---|---|---|---|---|---|---|
| H | hi | hu | ho | ha | he | oh | ah | h... |
| R | ri | ru | ro | ra | re | r... | | |
| RH | rhi | rhu | rho | rha | rhe | rh... | | |
| N | ni | nu | no | na | ne | n... | | |
| M | mi | mu | mo | ma | me | m... | | |
| F | fi | fu | fo | fa | fe | f... | | |
| PH | phi | phu | pho | pha | ph... | | | |
| L | li | lu | lo | la | le | l... | | |

Roi rien rein Rhin non moi mien main Mein l'eau nain ma-ri li-non

OBSERVATIONS.—L'*h* avant ou après une voyelle n'en change pas la prononciation.—Dites: *r* avec *i*, *ri*; *r* avec *u*, *ru*; *r* avec *o*, *ro*; *r* avec *a*,... Attendez que l'élève dise de lui-même *ra*; puis faites-lui appuyer la consonne *r* sur les autres voyelles et sur leurs équivalents : employez le même procédé pour toutes les consonnes.—Il vaudrait mieux accoutumer l'élève à prononcer chaque syllabe sans épeler.

## I<sup>re</sup> SUITE DU I<sup>er</sup> EXERCICE.

### SYLLABISATION.

| IN | UN | ON | AN | OI | IEN |
|---|---|---|---|---|---|
| **in** | **un** | **on** | **an** | **oi** | **ien** |
| ein | eun | | en | oy | ïen |
| ain | | | | | |

| | | | | | | |
|---|---|---|---|---|---|---|
| B | bi | bu | bo | ba | be | b... |
| D | di | du | do | da | de | d́... |
| P | pi | pu | po | pa | pe | p... |
| J | ji | ju | jo | ja | je | j... |
| Z | zi | zu | zo | za | ze | z... |
| V | vi | vu | vo | va | ve | v... |
| X | xi | xu | xo | xa | xe | x... |

Bon bain ban beau bien bai don Pau peau peu pain pin quoi kan qui jeu j'ai jeun vin vain zain quai qu'un bon-bon a-mi zé-ro din-don lu-ne ha-meau ba-lai bou-leau

OBSERVATIONS. — Le *q* est toujours suivi d'un *u*, si ce n'est quand il se trouve à la fin d'un mot.

## II^e SUITE DU I^er EXERCICE.

### SYLLABISATION.

| I | U | O | A | E | É | È | OU |
|---|---|---|---|---|---|---|---|
| **i** | **u** | **o** | **a** | **e** | **é** | **è** | **ou** |
| y | ü | au | | eu | ei | ei ey | |
| ï | | eau | | œu | ai ay | ai ay | |

| | | | | | | | |
|---|---|---|---|---|---|---|---|
| G | gi | ge | gé | gè | gin | | |
| | gu | go | ga | gou | gon | gan | gai |
| | » | geo | gea | » | geon | gean | geai |
| | gui | guo | gua | gue | gué | gu... | |
| C | ci | ce | cé | cè | cin | cien | |
| | cu | co | ca | cou | cun | con | c... |
| | çu | ço | ça | » | » | çon | ç... |
| Q | qui | qu'u | quo | qua | qu.. | | |
| K | ki | ku | ko | ka | ke | k... | |

Gain gai gui ci cou ce-ci ca-ci-que i-ci gi-gue ga-ge ta-xe pi-geon pho-que Lu-çon ca-deau an-cien geô-le

OBSERVATIONS. — *g* et *c* sont doux devant *i*, *e*; doux devant *a*, *o*, *u*. — On adoucit le *g* devant *a*, *o*, *u*, en mettant un *e* après le *g*; on adoucit le *c* devant *a*, *o*, *u* en mettant une cédille sous le *c* (*ç*).

## IIIe SUITE DU Ier EXERCICE.

### SYLLABISATION.

| IN | UN | ON | AN | OI | IEN |
|---|---|---|---|---|---|
| **in** | **un** | **on** | **an** | **oi** | **ien** |
| ein | eun | | en | oy | ïen |
| ain | | | | | |

| | | | | | | | |
|---|---|---|---|---|---|---|---|
| S | si | su | so | » | sin | son | s... |
| | osa | aseu | iso | isan | | | |
| | ossa | asseu | isso | issan | | | |
| T | ti | tu | to | ta | tin | ton | t... |
| | atia | otion | itien | otieu | | | |
| CH | chi | chu | cho | cha | ch... | | |
| GN | gni | gnu | gno | gna | gn | | |
| ILL | illi | illo | illa | illon | ill... | | |

Sain sein son soi sien tan tien chou chien mi-gnon ca-illou ro-se rai-sin chai-se pau-se che-mi-se po-tion men-tion

OBSERVATIONS. — *s* entre deux voyelles a communément le son du *z*; et quand on veut lui donner le son qui lui est propre, on en met deux.

## II^e EXERCICE.

### VOYELLES SIMPLES SUIVIES ET PRÉCÉDÉES D'UNE CONSONNE.

| | | | | | |
|---|---|---|---|---|---|
| **ic** | pic | **ail** | bail | **oul** | Toul |
| **ir** | pir | **af** | paf | **oug** | joug |
| **il** | cil | **ax** | Dax | **ouf** | pouf |
| **if** | vif | **ob** | Job | **eur** | peur |
| **is** | vis | **oc** | soc | **eul** | seul |
| **uc** | suc | **or** | cor | **euil** | deuil |
| **ur** | mur | **ol** | col | **euf** | neuf |
| **ul** | nul | **ox** | Fox | **ec** | bec |
| **uf** | tuf | **aul** | Paul | **er** | mer |
| **ad** | Gad | **oir** | soir | **air** | pair |
| **ap** | Gap | **oil** | poil | **el** | sel |
| **ac** | sac | **oif** | soif | **ep** | sep |
| **ar** | Var | **ouc** | bouc | **ef** | nef |
| **al** | mal | **our** | four | **ex** | Gex |

OBSERVATIONS. — Les syllabes commençant par une voyelle se lisent verticalement ainsi qu'il suit : *ic, pic; ir, pir; il, cil,* etc. Gardez-vous bien de décomposer la syllabe, et de dire : *i-c, ic ; p, i, c, pic,* etc.

## SUITE DU II$^{e}$ EXERCICE.

### VOYELLES SIMPLES SUIVIES ET PRÉCÉDÉES D'UNE CONSONNE.

| | | | |
|---|---|---|---|
| **id** | le Cid | **og** | Sog-dia-ne |
| **ip** | dip-tè-re | **os** | pos-tu-re |
| **yg** | Pyg-ma-lion | **aus** | aus-pi-ce |
| **ud** | le Sud | **ouil** | fe-nouil |
| **up** | rup-tu-re | **ous** | Cous-tou |
| **us** | pus-tu-le | **eb** | Ca-leb |
| **ab** | Mo-ab | **ed** | Ja-red |
| **ag** | Bag-dad | **eg** | reg-ni-co-le |
| **as** | Gas-ter | **eil** | ré-veil |
| **op** | op-ta-tif | **es** | pes-te |

J'ai vu mon bien-fai-teur — le zé-phyr de l'é-té — le ta-illeur a é-té jus-ti-fié — le che-min de la per-fec-tion — le bo-xeur a per-du son pa-ri — ré-veil ma-tin — je par-le-rai à Vic-tor

## IIIe EXERCICE.

### CONSONNES.

| CONJOINTES. | | COMPLEXES. | |
|---|---|---|---|
| **tr**ou | ni-**tre** | **mn**ie | so**m**-**n**o |
| **fr**ein | fi-**fre** | **tm**è-se | Pa**t**-**m**os |
| **fl**an | ra-**fle** | **pt**è-ne | ca**p**-**t**if |
| **br**u | sa-**bre** | **ps**i | ca**p**-**s**e |
| **bl**é | ta-**ble** | **Ct**é-sias | a**c**-**t**eur |
| **dr**u | ci-**dre** | **st**è-re | pe**s**-**t**e |
| **pr**é | câ-**pre** | **sm**i-lax | spa**s**-**m**e |
| **pl**an | tem-**ple** | **sb**i-re | ri**s**-**b**an |
| **cr**in | su-**cre** | **Sp**ar-te | ja**s**-**p**e |
| **cl**ou | bou-**cle** | **squ**i-ne | ba**s**-**qu**e |
| **gr**ain | ai-**gre** | **str**o-phe | si**s**-**tr**e |
| **gl**u | rè-**gle** | **sph**è-re | a**s**-**ph**alte |
| **vr**ai | pau-**vre** | **sc**a-le | ga**s**-**c**on |

Vic-tor a tra-ver-sé le Bos-pho-re

OBSERVATIONS. — Ces sortes de consonnes doivent s'épeler ainsi : *tre*, *ou*, *trou* ; *fre*, *ein*, *frein* ; *fle*, *an*, *flan* ; *bre*, *u*, . . . Attendez que l'élève dise de lui-même *bru*, etc. — Faites-lui observer que les consonnes *conjointes* sont inséparables, et que les consonnes complexes se séparent dans l'intérieur des mots.

## IVe EXERCICE.

### FINALES MUETTES.

Le plom*b*, les plom*bs*; un ban*c*, des ban*cs*; l'ins-tin*ct*, les ins-tin*cts*; un al-ma-na*ch*, des al-ma-na*chs*; un ni*d*, des ni*ds*; je jou*e*, tu jou*es*, ils jou*ent*; la cle*f*, les cle*fs*; un ran*g*, des ran*gs*; le doi*gt*, les doi*gts*; a*h*, ba*h*; le gri*l*, les gri*ls*; u-ne fau*lx*, Ber-tau*ld*, Bour-sau*lt*, du dra*p*, des dra*ps*; je sui*s* promp*t*, il*s* son*t* prom*pts*; un co*q* d'In-de, des co*qs* d'In-de; un bou-che*r*, des bou-che*rs*; un bra*s*, Jésu*s*-Chri*st*; le cha*t*, les cha*ts*; un go*th*, les go*ths*; la voi*x*, du ri*z*, a-sse*z*.

Les men-teur*s* me son*t* o-di-eu*x* — le tem*ps* fui*t* — les mau*x* de den*ts*.

OBSERVATIONS. — Les lettres différentes du caractère de l'exercice ne se lisent pas; il suffit de les présenter à l'oreille qui les rejette dans les cas ordinaires.

## V^e EXERCICE,

### OU L'E SANS ACCENT EST SONORE.

Les mes des tes ces ses tu es et la mer le pied le nez du fer un chef la nef un ver un grec cru-el e-ffort ves-te fes-ton un ver-set la ve-ille se pou-drer per-ver-tir li-ber-tin co-lo-nel Ca-leb de-man-dez de l'o-se-ille Al-fred re-gar-dez ce beau tre-illis j'ai per-du mon pe-tit tré-bu-chet le ba-te-lier va tom-ber dans la mer cet hi-ver le dé-gel du pa-pier la fleur du po-mmier et du poi-rier voi-là du va-rech un si-lex in-dex.

Il faut cher-cher la vé-ri-té — crai-gnez Dieu, ho-no-rez vos pè-res et mè-res, res-pec-tez vos a-mis et par-donnez à vos en-ne-mis.

[illegible].—L'e sans accent devant une consonne qui fi-[illegible] syllabe est sonore. L'[illegible] indique la qua-[illegible] du son, et avertit des exceptions que cette règle peut avoir.

## VI^e EXERCICE.

### HÉTÉRONYMES.

ils pa-ssè-*rent* le to-rrent (1)
ils cou-*vent* dans le cou-vent
ils né-gli-*gent*, quel né-gli-gent
ils ex-pé-*dient* un ex-pé-dient
ils se pa-*rent*, un pa-rent
ils pré-si-*dent*, un pré-si-dent
ils di-ffè-*rent*, un di-ffé-rent
ils fer-*ment*, un fer-ment
les en-fants ai-*ment* le mou-ve-ment
nous in-ven-*tions* des in-ven-*tions*
nous por-*tions* des por-*tions*
nous no-*tions* des no-*tions*
nous a-tten-*tions* les a-tten-*tions*
ces gla-*ces*, des har-*des*
les pou-*les*, mes ar-*mes*
tes pa-*tes*, ses chau-s*ses*

OBSERVATIONS. — Les difficultés que présente cet exercice sont encore levées par l'oreille.

(1) Les consonnes redoublées se prononcent ordinairement comme si elles étaient simples.

## VII^e EXERCICE.

### VOYELLES QUI CHANGENT LEUR PRONONCIATION.

**a** pour

**è :** tu **pa**-ye-ras

**é :** tu as **pa**-yé

**ao** pour

**a :** **pao**-nne

**o :** **ao**-ris-te

**aon** pour

**an :** un **paon**

**on :** un **taon**

**ai** pour

**a :** dou-**ai**-ri-è-re

**e :** bien-**fai**-sant

**è :** un ba-**lai**

**é :** j'**ai**-me-**rai**

**u** pour

**o :** al-b**u**m

lau-da-n**u**m

**ou :** é-q**u**a-teur

q**u**a-ter-ne

q**u**a-dru-pè-de

**œ** pour

**è :** Co-r**œ**-be

**é :** **Œ**-di-pe

**oi** pour

**o :** **oi**-gnon

**è :** je vou-**lois**

il vou-**loit**

ils pou-v**oi**ent

**é :** f**oi**-blir

se r**oi**-dir

## VIIIe EXERCICE.

### CONSONNES QUI CHANGENT LEUR PRONONCIATION.

**s** pour **z**

Al-**s**a-ce
tran-**s**i-ger

**z** pour **s**

Ro-de**z**

**x** pour

**cs** : in-de**x**
**gz** : e-**x**il
**ss** : Au-**x**o-nne
**z** : si-**x**ain
**k** : e**x**-cès
**s**: si**x**

**c** pour **g**

se-**c**ond

**g** pour **c**

**g**an-grè-ne

**tz** pour **s**

Me**tz**

**il** pour **ill**

so-le**il**
tra-va**il**
cer-feu**il**

**s** pour **ss**

gi-**s**ant

**ti** pour **si**

é-gyp-**ti**en
i-ner-**ti**e

**ch** pour

**g** : dra**ch**-me
**k** : **ch**lo-re
ar-**ch**an-ge
or-**ch**es-tre
**ch**a-os

## IXe EXERCICE.

### VALEURS EXCEPTIONNELLES DE QUELQUES LETTRES.

**e** devant **mm** égale **a**

f**e**-mme ar-d**e**-mment vio-l**e**-mment né-gli-g**e**-mment fré-qu**e**-mment

**ue** égale **eu**

é-c**ue**il a-cc**ue**il cer-c**ue**il

**ien** égale **ian** au lieu de **iin** dans :

sc**ien**-ce o-r**ien**t es-c**ien**t au-d**ien**-ce ex-pé-r**ien**-ce cons-c**ien**-ce ré-ci-p**ien**t in-gré-d**ien**t in-con-vé-n**ien**t

**tion** se prononçant **tion**, au lieu de **sion**

bas-**tion** ges-**tion** in-di-ges-**tion** mix-**tion** ques-**tion** com-bus-**tion**

**y** égale **ii** entre deux voyelles ; le premier *i* s'unit à la voyelle qui précède, et l'autre à la voyelle qui suit.

mo**y**en pa**y**s jo**y**eux cra**y**on fra**y**eur tu**y**au ro**y**aume bala**y**é fu**y**ard

OBSERVATIONS.—Si les élèves ne lisent que des choses qu'ils puissent comprendre, si l'instituteur met ses soins à réveiller leur attention, presque toutes les difficultés disparaîtront.

## LECTURE COURANTE.

### TRAVAIL.

L'ho-mme est né pour tra-va-iller co-mme l'oi-seau pour vo-ler. La so-ci-é-té est un grand corps qui ne se sou-tient que par l'ac-ti-vi-té de ses mem-bres. Ne re-gar-dez pas le tra-vail co-mme un far-deau : lui seul ho-no-re l'ho-mme et le rend heu-reux. Quel que soit le pos-te que vous o-ccu-piez dans le mon-de, ne comp-tez pas sur la con-si-dé-ra-tion des ho-nnê-tes gens, si vous crou-pi-ssez dans l'i-nac-tion : on ne l'a-ccor-de qu'aux ta-lents, qui sont les fruits tar-difs d'u-ne lon-gue ac-ti-vi-té. Con-trac-tez de bo-nne heu-re l'heu-reu-se ha-bi-tu-de du tra-vail : vous a-cquer-rez l'es-ti-me pu-bli-que, et vos jours cou-le-ront pai-si-ble-ment dans l'i-nno-cen-ce.

## LECTURE COURANTE.

### DES EFFORTS.

On peut ê-tre cons-ta-mment o-ccu-pé, mon cher en-fant, sans fai-re des e-fforts. A-lors on ré-u-ssit a-ssez bien tant qu'il ne se pré-sen-te point de di-ffi-cul-tés ; mais s'il en sur-vient, on se dé-goû-te, et l'a-ppli-ca-tion ce-sse. Ce-pen-dant il n'y a que le tra-vail di-ffi-ci-le qui soit u-ti-le; et les seuls e-fforts peu-vent vain-cre les di-ffi-cul-tés. Ce-tte vé-ri-té mé-ri-te que vous la pe-siez; car c'est i-ci l'é-cueil où les pro-grès de beau-coup de jeu-nes gens vie-nnent é-chouer fau-te de cou-ra-ge pour le fran-chir. Vous trou-vez u-ne di-ffi-cul-té : do-nnez vous de gar-de de vous lai-sser a-ba-ttre : roi-di-ssez vous con-tre elle ; re-dou-blez d'e-fforts, et vous fi-ni-rez par la sur-mon-ter.

## LECTURE COURANTE.

### ÉDUCATION.

L'é-du-ca-tion qu'on se hâ-te, a-vec rai-son, de do-nner à la jeu-nes-se, est un ho-mma-ge ren-du à la so-ci-é-té; cha-que pè-re craint de lui pré-sen-ter un fils i-gno-rant ou vi-ci-eux.

On est sûr d'a-cqué-rir de l'ins-truc-tion et des ta-lents, si l'on a de la do-ci-li-té, de l'a-ppli-ca-tion et de la cons-tan-ce, quand mê-me on au-rait peu d'in-tel-li-gen-ce et peu d'es-prit; tan-dis qu'au con-trai-re, on res-te-ra i-gno-rant tou-te sa vie, a-vec tout l'es-prit du mon-de, si l'on est in-cons-tant, in-do-ci-le et i-na-ppli-qué.

Jeu-ne ho-mme, en-ri-chi-ssez vo-tre es-prit de co-nnai-ssan-ces u-ti-les, pour en jou-ir dans un â-ge a-van-cé.

LECTURE COURANTE.

## BUT DES SCIENCES.

Le but des sciences n'est pas de devenir savant uniquement pour soi ni de satisfaire une inquiète et stérile curiosité qui nous entraîne par un plaisir séduisant d'objets en objets ; mais de contribuer, chacun en sa manière, à l'avancement commun de la société. Borner son travail et ses études à sa propre satisfaction, et se concentrer en soi-même, c'est ignorer que l'homme fait partie d'un tout auquel il doit se rapporter, et dont la beauté consiste essentiellement dans l'union et l'harmonie des parties qui le composent, et qui toutes, quoique par des voies différentes, tendent à la même fin, qui est l'utilité publique.

## DE LA LECTURE A HAUTE VOIX.

Il y a bien des défauts à éviter en lisant; il y a bien des réflexions à faire. Il faut prononcer distinctement et sans confusion : il y a des pauses à garder, des variations de ton à faire. La précipitation fatigue, la lenteur lasse, la monotonie endort, un ton déclamateur déplaît. Rien n'est plus désagréable en lisant que de donner un sens décousu. Il faut lire avec tant de netteté et de justesse, qu'on épargne à ceux qui écoutent la peine de réfléchir et d'étudier. L'esprit paraît jusque dans la lecture : il faut savoir fléchir sa voix, finir avec un sens complet, prononcer d'un ton modifié la parenthèse, suspendre et retenir la période. Joindre à propos un sens interrompu avec ce qui précède. Il faut se lire pour ainsi dire à soi-même en lisant aux autres. L'affectation est aussi odieuse que la simplicité est louable. En un mot il faut parler en lisant.

## LIAISON DES MOTS.

( Lier deux mots, c'est les prononcer comme s'ils n'en fesaient qu'un.)

**c** tabac à fumer
franc étrier
respec*t* humain

**d** répond-il
grand homme

**f** œuf au jus
neuf ans

**g** sang et eau
sang humain

**l** fol espoir

**n** mon ami
certain homme
bon | à monter

**p** beaucoup appris
trop étourdi

**r** léger esquif
le renar*d* est fin
une mor*t* infâme

**s** des hommes
les arbres
des | hameaux

**t** nuit obscure

**x** cheveux épars

**z** nez aquilin
venez ici

OBSERVATIONS. — A la liaison, *s* et *x* ont le son de *z*; *d*, celui de *t*; *g*, celui de *c*; *f* celui de *v*.—Le *d* et le *t* finals étant nuls après *r*, c'est cette dernière lettre qui se lie au mot suivant.

Le plus léger repos entre deux mots dispense de lier ces deux mots entre eux.

## SIGNES ORTHOGRAPHIQUES DE PRONONCIATION ET DE PONCTUATION.

´ accent aigu indique les *e* fermés.

` — grave — les *e* ouverts.

^ —circonflexe — les voyelles longues.

¨ tréma avertit que la voyelle sur laquelle il est placé doit être détachée de la voyelle précédente.

¸ cédille donne au *c* le son de l'*s*.

' apostrophe tient lieu d'une voyelle.

-t- lettre euphonique n'est que pour l'oreille.

- trait-d'union réunit deux mots ensemble.

— filet elliptique, changement d'interlocuteurs.

( ) parenthèses renferment quelques mots.

« » guillemets marquent une citation.

, virgule indique une pause très légère.

; point-virgule exprime un sens clair.

: deux-points désignent un sens presque fini.

. point désigne un sens complet.

? — d'interrogation dénote une question.

! — d'admiration pour s'écrier.

... —de suspension suppriment des mots.

OBSERVATIONS.—L'instituteur donnera une idée des signes de la ponctuation au fur et à mesure qu'ils paraîtront dans la lecture.

## RELIGION.

La religion est le lien sacré qui unit l'homme à Dieu par les sentimens et les hommages qui lui sont dûs.

La religion, mon cher enfant, a pris naissance dans le sein de Dieu. Elle est descendue du ciel pour instruire l'homme et pour le consoler. Elle doit être moins le sujet de nos conversations, que celui de nos méditations. Les hommes qui en parlent librement ne sont ni ceux qui la connaissent le plus, ni ceux qui la chérissent davantage, ni ceux qui la pratiquent le mieux. Tout en elle est divin, tout est respectable, ses dogmes, ses mystères, sa morale, ses cérémonies, ses ministres. Son flambeau est fait pour éclairer tous les hommes; mais les uns ferment les yeux à sa lumière, d'autres plus hardis voudraient l'éteindre. Ne contestez point avec ces sortes de gens. Ils vous rendraient impies comme eux. Vous n'avez qu'une réponse à faire : *Je crois.* Si vous rencontrez dans la société des personnes qui traitent de la religion avec un cœur simple et droit, édifiez-vous avec elles, pour vous fortifier dans ses principes et vous échauffer de son esprit.

## PAROLE.

L'éducation n'est qu'un exercice raisonné et suivi. LÉVIS.

Dieu, en créant l'homme, l'a destiné à vivre en société. Pour lui en fournir les moyens, il l'a doué de la faculté de faire connaître à son semblable ses besoins, ses craintes, ses plaisirs, ses affections. Cette faculté, digne de notre admiration, c'est la PAROLE.

Tous les autres êtres naissent, mangent, boivent et dorment comme l'homme. Tous sont, comme lui, sensibles au plaisir et à la douleur; mais lui seul peut concevoir des idées, les lier, les comparer, les émettre avec ordre. Les animaux ne poussent que des cris qui leur servent à indiquer leurs sensations présentes.

Il en est, il est vrai, qui sont doués d'une telle intelligence qu'on devine à leurs regards ce qu'ils éprouvent intérieurement. Aussi dit-on communément d'un chien, qu'il ne lui manque que la parole, mais enfin la parole lui manque; l'homme seul la possède et peut en faire usage. Aucun animal n'est susceptible d'examiner, d'approfondir ce qu'il entend, d'acquérir des connaissances et par conséquent d'en communiquer.

L'homme, au contraire, à l'aide de la parole communique les idées qu'il a conçues, donne et reçoit à son tour des secours et des conseils utiles. Les avantages de la parole sont donc inappréciables. Elle est la base de la société et la source des douceurs qu'on y éprouve. Par la parole tout devient commun entre les hommes. Ils se transmettent mutuellement leurs observations, les discutent, les rectifient, les adoptent ou les rejettent et parviennent ainsi à étendre leurs connaissances.

Avant de faire usage de la parole, l'homme doit penser, c'est-à-dire peser, apprécier, connaître parfaitement le sujet dont il veut entretenir son semblable. Celui qui prononcerait des mots sans y attacher d'idées, sans penser à ce qu'il dirait, ne parlerait pas plus qu'un perroquet qui articule quelques syllabes et fait entendre quelques paroles auxquelles il n'attache aucun sens. Cet homme n'apprendrait rien aux autres et ne pourrait rien apprendre d'eux. Il ne comprendrait pas plus ce qu'on lui dirait que ce qu'il dirait lui-même; de sorte qu'on peut appliquer à l'usage de la parole le beau vers de Boileau et dire :

Avant donc de parler, apprenez à penser.

## ÉCRITURE.

L'homme qui a conçu, lié et classé des idées, ne se borne point à les faire connaître à ceux qui l'environnent et au milieu desquels il vit. Il a trouvé le moyen de les peindre d'une manière sensible à ceux dont il est le plus éloigné. Ce moyen c'est l'ÉCRITURE,

..... Cet art ingénieux
De peindre la parole et de parler aux yeux.

Par l'écriture, les pensées se transportent d'un bout du monde à l'autre et traversent l'immensité des âges. Par elle l'homme moissonne les fruits des siècles passés, et sème pour les siècles à venir. Par l'écriture se perpétuent les connaissances. Elle nous met au milieu des sages, dans quelque temps et quelque lieu qu'ils aient existé. Elle nous fait jouir des charmes de leur entretien et des productions de leur génie.

## GRAMMAIRE.

L'expression que la parole et l'écriture emploient pour énoncer les idées s'appelle MOT.

Les mots varient chez toutes les nations, par leur nature et par leur son, par leur prononciation et par la manière de les employer. Cette variété a reçu le nom de LANGUE.

La science d'une langue consiste à connaître la nature des mots, l'idée que chacun présente, le son qu'il fait entendre, l'ordre dans lequel on doit le placer. Le livre qui contient l'indication de ces diverses connaissances est appelé GRAMMAIRE.

Celui qui a étudié la grammaire d'une langue n'en connaît encore que le mécanisme : il en possède l'usage et peut s'exprimer correctement, mais il est bien loin d'en goûter lui-même et d'en pouvoir faire sentir aux autres tous les charmes. Ce double avantage ne s'obtient qu'en se familiarisant, par une fréquente lecture, avec les productions des grands écrivains. Ce n'est qu'en lisant et relisant sans cesse les Fénélon, les Bossuet, les Massillon, les Buffon, les Boileau, les Racine, les J.-B. Rousseau et nombre d'autres auteurs qu'on jouit de toutes les richesses de la langue française, et qu'on peut parvenir à s'y exprimer avec justesse, grace et noblesse. Mais si tout le monde n'est point appelé à cette perfection, qui d'ailleurs exige encore des dons naturels, nul ne peut être dispensé, dans la bonne société, de parler et d'écrire correctement, et ce n'est que l'étude soignée de la grammaire qui peut procurer cet avantage.

## CHIFFRES.

| | | |
|---|---|---|
| Un | 1 | I |
| Deux | 2 | II |
| Trois | 3 | III |
| Quatre | 4 | IV |
| Cinq | 5 | V |
| Six | 6 | VI |
| Sept | 7 | VII |
| Huit | 8 | VIII |
| Neuf | 9 | IX |
| Dix | 10 | X |
| Vingt | 20 | XX |
| Quarante | 40 | XL |
| Cinquante | 50 | L |
| Quatre-vingt-dix | 90 | XC |
| Cent | 100 | C |
| Cinq cents | 500 | D ou IↃ |
| Mille | 1,000 | M CIↃ |
| Dix mille | 10,000 | XM CCIↃↃ |
| Cent mille | 100,000 | CM CCCIↃↃↃ |
| Million | 1,000,000 | MM |

OBSERVATIONS. — L'instituteur doit faire observer que la même lettre ne se met pas quatre fois de suite ; et qu'alors on écrit : IV (4), au lieu de IIII ; IX (9), au lieu de VIIII ; XIV (14), au lieu de XIIII ; XIX (19), au lieu de XVIIII ; XL (40), au lieu de XXXX ; XC (90), au lieu de LXXXX ; CD (400) au lieu de CCCC ; CM (900), au lieu de DCCCC, etc.

## ALPHABETS DIVERS.

| | | | | | | | | | |
|---|---|---|---|---|---|---|---|---|---|
| Lettres ordinaires. | a | b | c | d | e | f | g | h | i |
| | j | k | l | m | n | o | p | q | r |
| | s | t | u | v | w | x | y | z | |
| Lettres majuscules. | A | B | C | D | E | F | G | H | I |
| | J | K | L | M | N | O | P | Q | R |
| | S | T | U | V | W | X | Y | Z | |
| Lettres italiques. | *a* | *b* | *c* | *d* | *e* | *f* | *g* | *h* | *i* |
| | *j* | *k* | *l* | *m* | *n* | *o* | *p* | *q* | *r* |
| | *s* | *t* | *u* | *v* | *w* | *x* | *y* | *z* | |
| Lettres cursives. | a | b | c | d | e | f | g | h | i |
| | j | k | l | m | n | o | p | q | r |
| | s | t | u | v | w | x | y | z | |
| Lettres rondes. | a | b | c | d | e | f | g | h | i |
| | j | k | l | m | n | o | p | q | r |
| | s | t | u | v | w | x | y | z | |
| Lettres gothiques. | a | b | c | d | e | f | g | h | i |
| | j | k | l | m | n | o | p | q | r |
| | s | t | u | v | w | x | y | z | |

FORMES DIVERSES DES LETTRES.

Il n'y a point de honte à vouloir apprendre ce qu'on ne sait pas; la science honore celui qui la possède; l'ignorance est digne de blâme.

---

LE TRAVAIL JOINT A LA GAITÉ
SOUFFRE ET SURMONTE TOUTES CHOSES :
LA NONCHALANTE OISIVETÉ
SE BLESSE SUR UN LIT DE ROSES.

---

*M. de Buffon était persuadé qu'on pouvait apprendre et faire des progrès à tout âge.*

---

*Pour s'instruire de ce qu'on lit, il faut se faire une loi de tout comprendre.*

---

On n'apprend rien que par soi-même; tout ce qu'on nous dit est inutile si nous ne nous y joignons pas.

---

Prononcez d'une manière très distincte, pas trop rapide, et avec un ton sonore.

## LECTURE DU LATIN.

Point d'*e* muet : *credere*, *laudate*.

*u* est nul devant *o*, *u* : eq*u*us, aliq*u*ot.

PRONONCEZ :

1° Toutes les consonnes finales : *lupus*, *fons*.

2° *ai*, *ei*, *oi*, *ou*, en deux voyelles distinctes : *Dana-i*, *die-i*, *intro-ibo*, *pro-ut*.

3° *eu* comme { *é-u*, au milieu des mots : *De-us*. notre *eu*, au commencement : *eu-ge*. }

4° *em*, *en*, qui ne sont pas finales, comme *in* : *tempus*, *prudens*, *ensis*.

5° *un*, *um* comme notre *on* : *voluntas*, *columba*.

6° *u* comme *o* devant *mn* : *colum-na*, *alum-nus*.

7° *ch* comme *k* : *Christus*, *charitas*.

8° *gn* en deux consonnes : *pug-na*, *mag-nus*.

9° *qu*, *gu* comme { *cu*, *gu* : *lingu-is*, *cujus*. *cou*, *gou*, devant *a* : *aqua*, *lingua*. }

10° *t* qui n'est pas précédé de *s*, *x*, comme *s* devant *ia*, *iæ*, *ii*, *io*, *iu* :
*scientia*, *prudentiæ*, *vitii*, *oratio*, *diutius*.

11° *cæ*, *cœ*, *gæ*, comme *sé*, *jé* :
*cætera*, *muscæ*, *cœlum*, *plagæ*.

12° Il n'y a point d'*l* mouillée : *mil-le*, *il-la*.

## EXEMPLE POUR LA LECTURE DU LATIN.

| Jam | lucis | orto | sidere, |
|---|---|---|---|
| 3 *étant* déjà | 2 du jour | 4 levé | 1 L'astre |

| Deum | precemur | supplices, |
|---|---|---|
| 6 Dieu | 5 prions | 7 en suppliant |

| Nostras | ut ipse | dirigat, |
|---|---|---|
| 11 nos | 8 que lui-même | 10 conduise |

| Lux increata, | semitas. |
|---|---|
| 9 lumière incréée | 12 pas. |

| Nil | lingua, | nil peccet | manus |
|---|---|---|---|
| 2 ne *pèche* point | 1 *que notre* langue | 2 ne pèche point | 1 *que notre* main |

| Nil | mens | inane | cogitet; |
|---|---|---|---|
| 3 rien | 1 que notre esprit | 4 d'inutile | 2 *ne* pense |

| In ore | simplex | veritas, |
|---|---|---|
| 3 *règne* dans *notre* bouche | 2 simple | 1 *que la* vérité |

| In corde | regnet | caritas. |
|---|---|---|
| 3 dans notre cœur | 2 règne | 1 que la charité |

La lumière brillante de l'astre du jour nous invite à offrir à Dieu nos ferventes prières : supplions la lumière éternelle de conduire elle-même nos pas, et de nous faire marcher dans ses sentiers.

Que nos lèvres soient pures, et nos mains innocentes : que notre esprit ne s'occupe que d'utiles pensées ; que la vérité, ennemie de tout déguisement, soit toujours dans notre bouche, et que la charité règne dans nos cœurs.

PARIS. — IMPRIMERIE DE [illegible] DUPONT ET LAGUIONIE, rue de Grenelle-Saint-Honoré, n° 55.